FRACTIONS AND DECIMALS MATH ESSENTIALS Children's Fraction Books

SPEEDY PUBLISHING

Speedy Publishing LLC
40 E. Main St. #1156
Newark, DE 19711
www.speedypublishing.com

Copyright 2016

All Rights reserved. No part of this book may be reproduced or used in any way or form or by any means whether electronic or mechanical, this means that you cannot record or photocopy any material ideas or tips that are provided in this book

Fraction – A common fraction is made up of a numerator and a denominator.

Decimal – A decimal is a number based on the number 10.

FRACTIONS

* * * * *

ADDITION

$$\frac{4}{8} + \frac{2}{3} =$$

$$\frac{1}{8} + \frac{8}{10} =$$

$$\frac{2}{2} + \frac{1}{10} =$$

$$\frac{1}{1} + \frac{6}{9} =$$

$$\frac{3}{6} + \frac{10}{10} =$$

$$\frac{7}{8} + \frac{2}{9} =$$

$$\frac{9}{9} + \frac{2}{7} = \qquad \frac{2}{2} + \frac{2}{3} =$$

$$\frac{2}{5} + \frac{3}{9} = \qquad \frac{2}{6} + \frac{10}{10} =$$

$$\frac{2}{4} + \frac{5}{7} = \qquad \frac{3}{8} + \frac{9}{9} =$$

$$\frac{7}{7} + \frac{6}{7} = \qquad \frac{3}{7} + \frac{8}{10} =$$

$$\frac{9}{10} + \frac{10}{10} = \qquad \frac{1}{10} + \frac{8}{10} =$$

$$\frac{3}{4} + \frac{9}{10} = \qquad \frac{3}{3} + \frac{1}{6} =$$

FRACTIONS

* * * * *

SUBTRACTION

$$\frac{1}{2} - \frac{1}{5} = \qquad \frac{1}{3} - \frac{1}{9} =$$

$$\frac{2}{3} - \frac{2}{3} = \qquad \frac{6}{7} - \frac{6}{9} =$$

$$\frac{3}{9} - \frac{3}{10} = \qquad \frac{5}{5} - \frac{6}{9} =$$

$$\frac{3}{7} - \frac{2}{5} = \qquad \frac{2}{9} - \frac{2}{10} =$$

$$\frac{2}{3} - \frac{6}{10} = \qquad \frac{1}{6} - \frac{1}{7} =$$

$$\frac{4}{4} - \frac{8}{9} = \qquad \frac{1}{9} - \frac{1}{10} =$$

$$\frac{5}{6} - \frac{3}{4} = \qquad \frac{5}{8} - \frac{5}{8} =$$

$$\frac{3}{5} - \frac{3}{8} = \qquad \frac{2}{5} - \frac{2}{5} =$$

$$\frac{5}{5} - \frac{7}{9} = \qquad \frac{2}{5} - \frac{2}{6} =$$

FRACTIONS

* * * * *

MULTIPLICATION

$$\frac{3}{7} \times \frac{8}{9} = \qquad \frac{2}{9} \times \frac{1}{10} =$$

$$\frac{8}{8} \times \frac{4}{4} = \qquad \frac{1}{2} \times \frac{10}{10} =$$

$$\frac{1}{9} \times \frac{10}{10} = \qquad \frac{2}{7} \times \frac{7}{9} =$$

$\dfrac{8}{8} \times \dfrac{9}{9} =$ $\qquad$ $\dfrac{7}{8} \times \dfrac{3}{9} =$

$\dfrac{9}{9} \times \dfrac{7}{10} =$ $\qquad$ $\dfrac{2}{3} \times \dfrac{3}{5} =$

$\dfrac{5}{6} \times \dfrac{9}{10} =$ $\qquad$ $\dfrac{5}{7} \times \dfrac{8}{10} =$

$$\frac{3}{6} \times \frac{8}{8} = \qquad \frac{4}{6} \times \frac{2}{5} =$$

$$\frac{2}{5} \times \frac{3}{6} = \qquad \frac{8}{9} \times \frac{7}{9} =$$

$$\frac{1}{4} \times \frac{8}{9} = \qquad \frac{5}{8} \times \frac{2}{9} =$$

FRACTIONS

* * * * *

DIVISION

$$\frac{2}{2} \div \frac{2}{10} = \qquad \frac{8}{8} \div \frac{2}{9} =$$

$$\frac{10}{10} \div \frac{3}{8} = \qquad \frac{1}{3} \div \frac{8}{9} =$$

$$\frac{4}{5} \div \frac{2}{3} = \qquad \frac{1}{1} \div \frac{6}{7} =$$

$$\frac{3}{3} \div \frac{6}{8} = \qquad \frac{2}{2} \div \frac{5}{10} =$$

$$\frac{2}{5} \div \frac{5}{8} = \qquad \frac{2}{4} \div \frac{3}{5} =$$

$$\frac{1}{7} \div \frac{5}{8} = \qquad \frac{1}{1} \div \frac{8}{9} =$$

$$\frac{7}{9} \div \frac{6}{7} = \qquad \frac{4}{8} \div \frac{9}{9} =$$

$$\frac{2}{10} \div \frac{9}{10} = \qquad \frac{5}{8} \div \frac{10}{10} =$$

$$\frac{8}{8} \div \frac{9}{10} = \qquad \frac{2}{6} \div \frac{10}{10} =$$

FRACTIONS

* * * * *

Compare the fractions.

$\dfrac{4}{6} \square \dfrac{5}{6}$ $\qquad$ $\dfrac{2}{5} \square \dfrac{7}{8}$

$\dfrac{1}{3} \square \dfrac{2}{9}$ $\qquad$ $\dfrac{6}{6} \square \dfrac{10}{10}$

$\dfrac{8}{9} \square \dfrac{8}{10}$ $\qquad$ $\dfrac{6}{9} \square \dfrac{4}{5}$

$\dfrac{1}{8}\ \square\ \dfrac{10}{10}$ $\dfrac{6}{8}\ \square\ \dfrac{5}{10}$

$\dfrac{4}{4}\ \square\ \dfrac{6}{7}$ $\dfrac{2}{3}\ \square\ \dfrac{3}{10}$

$\dfrac{1}{1}\ \square\ \dfrac{7}{7}$ $\dfrac{4}{9}\ \square\ \dfrac{7}{7}$

$\dfrac{4}{4}\ \square\ \dfrac{7}{7}$　　　　$\dfrac{8}{8}\ \square\ \dfrac{6}{8}$

$\dfrac{4}{4}\ \square\ \dfrac{8}{8}$　　　　$\dfrac{1}{7}\ \square\ \dfrac{8}{9}$

$\dfrac{7}{9}\ \square\ \dfrac{2}{6}$　　　　$\dfrac{6}{7}\ \square\ \dfrac{8}{8}$

DECIMALS

* * * * *

ADDITION

1. 0.7 + 7.3 = _____

2. 6.9 + 5.2 = _____

3. 0.8 + 1.7 = _____

4. 7.6 + 6.4 = _____

5. 7.9 + 9.4 = _____

DECIMALS

* * * * *

SUBTRACTION

1. 9.47 − 1.8 = _____

2. 1.09 − 1.0 = _____

3. 1.1 − 0.9 = _____

4. 4.8 − 0.7 = _____

5. 5.5 − 1.4 = _____

DECIMALS

* * * * *

MULTIPLICATION

1. 6 × 1.0 = _____

2. 2.0 × 1.9 = _____

3. 6.0 × 1.9 = _____

4. 8 × 1.5 = _____

5. 8 × 0.5 = _____

DECIMALS

* * * * *

DIVISION

1. 1.4 ÷ 7 = _____

2. 9.9 ÷ 3 = _____

3. 9.6 ÷ 3 = _____

4. 3.6 ÷ 6 = _____

5. 8.0 ÷ 8 = _____

DECIMALS

★ ★ ★ ★ ★

Round each number to the nearest tenth.

1. 9.82 = _____

2. 1.28 = _____

3. 1.41 = _____

4. 9.55 = _____

5. 8.78 = _____

6. 7.96 = _____

7. 8.32 = _____

8. 7.58 = _____

9. 5.14 = _____

10. 5.28 = _____

ANSWERS

$$\frac{4}{8} + \frac{2}{3} = 1\frac{1}{6} \qquad \frac{1}{8} + \frac{8}{10} = \frac{37}{40} \qquad \frac{9}{9} + \frac{2}{7} = 1\frac{2}{7} \qquad \frac{2}{2} + \frac{2}{3} = 1\frac{2}{3}$$

$$\frac{2}{2} + \frac{1}{10} = 1\frac{1}{10} \qquad \frac{1}{1} + \frac{6}{9} = 1\frac{2}{3} \qquad \frac{2}{5} + \frac{3}{9} = \frac{11}{15} \qquad \frac{2}{6} + \frac{10}{10} = 1\frac{1}{3}$$

$$\frac{3}{6} + \frac{10}{10} = 1\frac{1}{2} \qquad \frac{7}{8} + \frac{2}{9} = 1\frac{7}{72} \qquad \frac{2}{4} + \frac{5}{7} = 1\frac{3}{14} \qquad \frac{3}{8} + \frac{9}{9} = 1\frac{3}{8}$$

$$\frac{7}{7} + \frac{6}{7} = 1\frac{6}{7} \qquad \frac{3}{7} + \frac{8}{10} = 1\frac{8}{35}$$

$$\frac{9}{10} + \frac{10}{10} = 1\frac{9}{10} \qquad \frac{1}{10} + \frac{8}{10} = \frac{9}{10}$$

$$\frac{3}{4} + \frac{9}{10} = 1\frac{13}{20} \qquad \frac{3}{3} + \frac{1}{6} = 1\frac{1}{6}$$

ANSWERS

$$\frac{1}{2} - \frac{1}{5} = \frac{3}{10} \qquad \frac{1}{3} - \frac{1}{9} = \frac{2}{9} \qquad \frac{3}{7} - \frac{2}{5} = \frac{1}{35} \qquad \frac{2}{9} - \frac{2}{10} = \frac{1}{45}$$

$$\frac{2}{3} - \frac{2}{3} = 0 \qquad \frac{6}{7} - \frac{6}{9} = \frac{4}{21} \qquad \frac{2}{3} - \frac{6}{10} = \frac{1}{15} \qquad \frac{1}{6} - \frac{1}{7} = \frac{1}{42}$$

$$\frac{3}{9} - \frac{3}{10} = \frac{1}{30} \qquad \frac{5}{5} - \frac{6}{9} = \frac{1}{3} \qquad \frac{4}{4} - \frac{8}{9} = \frac{1}{9} \qquad \frac{1}{9} - \frac{1}{10} = \frac{1}{90}$$

$$\frac{5}{6} - \frac{3}{4} = \frac{1}{12} \qquad \frac{5}{8} - \frac{5}{8} = 0$$

$$\frac{3}{5} - \frac{3}{8} = \frac{9}{40} \qquad \frac{2}{5} - \frac{2}{5} = 0$$

$$\frac{5}{5} - \frac{7}{9} = \frac{2}{9} \qquad \frac{2}{5} - \frac{2}{6} = \frac{1}{15}$$

ANSWERS

$\dfrac{3}{7} \times \dfrac{8}{9} = \dfrac{8}{21}$ $\dfrac{2}{9} \times \dfrac{1}{10} = \dfrac{1}{45}$ $\dfrac{8}{8} \times \dfrac{9}{9} = 1$ $\dfrac{7}{8} \times \dfrac{3}{9} = \dfrac{7}{24}$

$\dfrac{8}{8} \times \dfrac{4}{4} = 1$ $\dfrac{1}{2} \times \dfrac{10}{10} = \dfrac{1}{2}$ $\dfrac{9}{9} \times \dfrac{7}{10} = \dfrac{7}{10}$ $\dfrac{2}{3} \times \dfrac{3}{5} = \dfrac{2}{5}$

$\dfrac{1}{9} \times \dfrac{10}{10} = \dfrac{1}{9}$ $\dfrac{2}{7} \times \dfrac{7}{9} = \dfrac{2}{9}$ $\dfrac{5}{6} \times \dfrac{9}{10} = \dfrac{3}{4}$ $\dfrac{5}{7} \times \dfrac{8}{10} = \dfrac{4}{7}$

$\dfrac{3}{6} \times \dfrac{8}{8} = \dfrac{1}{2}$ $\dfrac{4}{6} \times \dfrac{2}{5} = \dfrac{4}{15}$

$\dfrac{2}{5} \times \dfrac{3}{6} = \dfrac{1}{5}$ $\dfrac{8}{9} \times \dfrac{7}{9} = \dfrac{56}{81}$

$\dfrac{1}{4} \times \dfrac{8}{9} = \dfrac{2}{9}$ $\dfrac{5}{8} \times \dfrac{2}{9} = \dfrac{5}{36}$

ANSWERS

$$\frac{2}{2} \div \frac{2}{10} = 5 \qquad \frac{8}{8} \div \frac{2}{9} = 4\frac{1}{2} \qquad \frac{3}{3} \div \frac{6}{8} = 1\frac{1}{3} \qquad \frac{2}{2} \div \frac{5}{10} = 2$$

$$\frac{10}{10} \div \frac{3}{8} = 2\frac{2}{3} \qquad \frac{1}{3} \div \frac{8}{9} = \frac{3}{8} \qquad \frac{2}{5} \div \frac{5}{8} = \frac{16}{25} \qquad \frac{2}{4} \div \frac{3}{5} = \frac{5}{6}$$

$$\frac{4}{5} \div \frac{2}{3} = 1\frac{1}{5} \qquad \frac{1}{1} \div \frac{6}{7} = 1\frac{1}{6} \qquad \frac{1}{7} \div \frac{5}{8} = \frac{8}{35} \qquad \frac{1}{1} \div \frac{8}{9} = 1\frac{1}{8}$$

$$\frac{7}{9} \div \frac{6}{7} = \frac{49}{54} \qquad \frac{4}{8} \div \frac{9}{9} = \frac{1}{2}$$

$$\frac{2}{10} \div \frac{9}{10} = \frac{2}{9} \qquad \frac{5}{8} \div \frac{10}{10} = \frac{5}{8}$$

$$\frac{8}{8} \div \frac{9}{10} = 1\frac{1}{9} \qquad \frac{2}{6} \div \frac{10}{10} = \frac{1}{3}$$

ANSWERS

$\dfrac{4}{6} < \dfrac{5}{6}$ $\qquad$ $\dfrac{2}{5} < \dfrac{7}{8}$ $\qquad$ $\dfrac{1}{8} < \dfrac{10}{10}$ $\qquad$ $\dfrac{6}{8} > \dfrac{5}{10}$

$\dfrac{1}{3} > \dfrac{2}{9}$ $\qquad$ $\dfrac{6}{6} = \dfrac{10}{10}$ $\qquad$ $\dfrac{4}{4} > \dfrac{6}{7}$ $\qquad$ $\dfrac{2}{3} > \dfrac{3}{10}$

$\dfrac{8}{9} > \dfrac{8}{10}$ $\qquad$ $\dfrac{6}{9} < \dfrac{4}{5}$ $\qquad$ $\dfrac{1}{1} = \dfrac{7}{7}$ $\qquad$ $\dfrac{4}{9} < \dfrac{7}{7}$

$\dfrac{4}{4} = \dfrac{7}{7}$ $\qquad$ $\dfrac{8}{8} > \dfrac{6}{8}$

$\dfrac{4}{4} = \dfrac{8}{8}$ $\qquad$ $\dfrac{1}{7} < \dfrac{8}{9}$

$\dfrac{7}{9} > \dfrac{2}{6}$ $\qquad$ $\dfrac{6}{7} < \dfrac{8}{8}$

ANSWERS

Addition	Subtraction	Multiplication	Division
1. 8	1. 7.67	1. 6	1. 0.2
2. 12.1	2. 0.09	2. 3.8	2. 3.3
3. 2.5	3. 0.2	3. 11.4	3. 3.2
4. 14	4. 4.1	4. 12	4. 0.6
5. 17.3	5. 4.1	5. 4	5. 1

Rounding Decimals

1. 9.8
2. 1.3
3. 1.4
4. 9.6
5. 8.8
6. 8.0
7. 8.3
8. 7.6
9. 5.1
10. 5.3